AF245256

ALSATIANA

ÉCHOS PATRIOTIQUES

DE LA

CHAIRE ISRAÉLITE

PAR

ISAAC LÉVY,

ANCIEN GRAND-RABBIN DU HAUT-RHIN,
GRAND-RABBIN A VESOUL.

PRIX : 1 FRANC.

PARIS

SANDOZ & FISCHBACHER, LIBRAIRES-ÉDITEURS

COLMAR	MULHOUSE
LORBER, — BARTH	ÉMILE PERRIN
Libraires	Libraire

1873

ALSATIANA

ÉCHOS PATRIOTIQUES

DE LA

CHAIRE ISRAÉLITE

PAR

ISAAC LÉVY,

ANCIEN GRAND-RABBIN DU HAUT-RHIN,
GRAND-RABBIN A VESOUL.

PRIX : 1 FRANC.

PARIS

SANDOZ & FISCHBACHER, LIBRAIRES-ÉDITEURS

<table>
<tr><td>COLMAR
LORBER, — BARTH
Libraires</td><td>MULHOUSE
ÉMILE PERRIN
Libraire</td></tr>
</table>

1873

PRÉFACE.

Plusieurs de mes amis m'ont demandé de faire réimprimer le discours que j'ai prononcé à Metz, le 7 septembre 1871, pendant la cérémonie funèbre célébrée en l'honneur des soldats français tombés sous les murs de l'héroïque cité Lorraine. Je cède aujourd'hui au désir qui m'a été exprimé à plusieurs reprises. J'ai cru bien faire en ajoutant à cette allocution le Sermon d'adieu que j'ai prononcé à Colmar avant de quitter cette ville, et quelques autres allocutions dans lesquelles j'exprimais non-seulement mes propres sentiments mais ceux de mes auditeurs.

En donnant au public cette petite brochure je n'ai d'autre but que d'ajouter une nouvelle protestation à celles qui se produisent journellement contre la violation du droit et de montrer une fois de plus, que l'Alsace, par la voix de ses enfants, ne cesse d'affirmer son inébranlable attachement à la chère patrie française.

Vesoul, mars 1873.

Isaac LEVY.

ALSATIANA

ÉCHOS PATRIOTIQUES

DE LA

CHAIRE ISRAÉLITE

ALLOCUTION

Prononcée le 15 Août 1870, au Temple
de Colmar.

Mes Frères,

J'espérais et vous espériez comme moi
que la cérémonie qui nous réunit ici aurait
cette année une solennité particulièrement
grande ; j'espérais que nous aurions à célé-
brer le triomphe de nos armes.

Dieu ne l'a pas voulu, mes Auditeurs bien aimés ; il lui a plu, dans son infinie sagesse de nous infliger des revers, afin de nous donner une occasion de mieux affirmer notre patriotisme, notre foi invincible dans les glorieuses destinées de la France.

Cette occasion, nous n'y manquerons pas, mes Frères. Nous resterons fermes et iné-branlables et nous ne désespérerons pas du salut de la patrie.

Et pourquoi donc perdrions nous toute espérance ? Est-ce qu'une nation comme la France est vaincue après une première bataille ? Est-ce que dans le passé nous n'avons jamais subi d'échecs, et ne les avons nous pas souvent réparés, effacés par de brillantes victoires ?

Ce qui a été peut être encore.

France, ô ma France bien-aimée ; non tu n'es pas encore tombée si bas que le croient tes ennemis, tu n'es pas encore prête à subir le joug de ceux qui ont osé t'envahir ; tu n'es pas encore devenue la proie de leur insatiable avidité.

Ils trouveront devant eux ces braves corps

d'armée qui n'ont pas encore combattu et qui brûlent du désir de venger leurs frères, et les débris de ces vaillantes phalanges qui ont dû céder au nombre, mais dont l'héroïque résistance, plus glorieuse que la victoire de ceux qui les ont défaits ajoute une belle page de plus à nos fastes militaires ; ils trouveront devant eux le pays tout entier prêt à se lever pour défendre son sol.

Oui, espérons, Frères ; mais élevons aussi nos cœurs vers Notre Père qui est au Ciel et demandons lui de bénir notre valeureuse armée, de seconder les nobles efforts qu'elle fait en ce moment. Demandons lui aussi qu'il veuille bien accueillir avec miséricorde l'âme des héros qui sont tombés pour la défense de la patrie et qu'il nous accorde bientôt une paix glorieuse et durable. Amen !

PRIÈRE.

Seigneur, tous les ans, à pareille époque nous venons épancher dans ton sein les vœux que nous formons pour notre pays bien-aimé, pour la France qui, la première, a émancipé nos pères et reconnu leurs droits.

Mais aujourd'hui nous avons d'autres vœux à ajouter à nos vœux habituels.

Nos frères sont allés combattre pour l'honneur de la patrie. Mais le succès n'a pas récompensé leur valeur. Malgré d'héroïques efforts, ils ont succombé devant les masses compactes qu'on lançait sur eux et n'ayant pu vaincre ils ont du moins voulu mourir au champ d'honneur.

O Seigneur accueille avec miséricorde ces intrépides guerriers et accorde leur les félicités que tu réserves à ceux qui pratiquent ici bas le dévouement et le sacrifice.

Console aussi, ô Eternel, console les parents désolés qui déplorent la perte de fils chéris, les épouses qui gémissent sur la mort de ceux auxquels elles avaient donné leur foi ; prends soin des enfants qui ne reverront plus leurs pères.

Que ta bénédiction descende sur ceux qui luttent encore pour la défense de nos

foyers, pour l'indépendance de la patrie
Entoure les de ton égide protectrice, seconde leur vaillance et ne permets pas que la bannière de la France, cette noble bannière sur laquelle ont lit : *Amour de toutes les idées nobles et généreuses ; respect de tous les droits de l'humanité ;* ne permets pas que cette bannière soit abaissée et foulée aux pieds. Relève là, Seigneur, et quelle continue à se déployer pour la défense des opprimés, pour le triomphe de la justice. O Eternel, toi qui tiens entre tes mains les destinées des peuples et des individus, incline les cœurs vers la paix : qu'elle fleurisse de nouveau dans le monde ; que nos épreuves et nos angoisses cessent, et que de tous les cœurs s'élève bientôt un chant de reconnaissance vers toi, Dieu de paix et d'amour. Amen !

EXORDE D'UN SERMON

Prononcé la veille de Kipour (kol Nidré)
1870, au Temple de Colmar.

Mes Frères et mes Sœurs bien-aimés,

Dans le 37ᵉ chapitre de ses prophéties,
Ezéchiel nous raconte la vision suivante :
L'Eternel, dit-il, me transporta dans une
plaine remplie d'ossements. Il me promena
tout à l'entour de ces ossements : ils étaient
répandus en grandes masses sur la plaine
et ils étaient secs.

Et l'Eternel me dit : fils de l'homme ces ossements pourront-ils revivre? Je répondis : tu le sais, Seigneur.

Il me dit alors : prophétise sur ces ossements et dis leur : ossements desséchés, écoutez la parole de l'Eternel. C'est moi qui parle, l'Eternel Dieu. O ossements, je mettrai l'esprit en vous, et vous vivrez. Je vous donnerai des nerfs que je couvrirai de chair; une peau s'étendra sur vous; je vous donnerai le souffle; vous vivrez, et vous saurez que je suis l'Eternel.

Je prophétisai donc et soudain il se fit un grand bruit comme celui d'une tempête et les ossements s'approchèrent l'un de l'autre et s'entre-choquèrent. Je regardai et je vis qu'ils avaient des nerfs, qu'ils étaient couverts de chair par dessus laquelle s'étendait une peau. Mais l'esprit n'était pas encore en eux.

Alors, Dieu me dit : prophétise encore, prophétise, ô fils de l'homme et dis : C'est ainsi que parle l'Eternel Dieu. Viens des quatre côtés, ô esprit et souffle sur ces trépassés afin qu'ils revivent.

Je prophétisai conformément aux ordres que j'avais reçus. Aussitôt l'esprit vint en eux et ils se dressèrent sur leurs pieds ; ils vivaient ; c'était une très-grande foule.

Alors le Seigneur m'expliqua la vision que je venais d'avoir. Fils de l'homme, dit-il, ces ossements représentent la maison d'Israël. Elle dit : nos ossements sont desséchés, notre espérance est perdue ; nous sommes retranchés. C'est pourquoi prophétise et dis aux enfants d'Israël : C'est ainsi que parle l'Eternel : J'ouvrirai vos tombeaux ; je vous ferai sortir de vos sépulcres, ô fils de mon peuple, et je vous ramènerai sur le territoire d'Israël.

Ne vous semble-t-il pas, mes Frères, que ces paroles ont été prononcées pour nous et pour les circonstances douloureuses dans lesquelles nous nous trouvons. Nous ressemblons en ce moment à un navire balotté par les flots d'une mer furieuse. La tempête mugit, les vagues s'élèvent et s'amoncèlent ; le pilote interroge les vents avec anxiété et le gouvernail tremble dans sa main ; l'équipage est inquiet et troublé, et plus d'un d'entre nous se laisse aller à un sombre abattement et dit comme autrefois Israël :

יבשו עצמותינו אבדה תקותנו נגזרנו לנו

Nos ossements sont desséchés, notre espérance est perdue, c'en est fait de nous. Mais ne désespérez pas, mes bien-aimés Frères, l'ouragan peut se calmer et le vaisseau regagnera heureusement le port.

Israël, quand le prophète cherchait à le tirer du désespoir dans lequel l'avait plongé sa misérable destinée, était tristement assis sur les rives de Babylone et il gémissait au souvenir de Sion : על נהרות בבל שם ישבנו גם בכינו בזכרנו את ציין

Il n'avait plus de patrie, plus de sanctuaire, et pourtant la consolante promesse du prophète s'accomplit. Israël reprit possession de son territoire; le temple consacré au Dieu unique se releva de ses ruines et se dressa de nouveau fier et majestueux sur la montagne de Sion. Israël redevint une nation forte et puissante. Et toi aussi, ô ma patrie bien-aimée, tu te relèveras. Tu n'es pas encore esclave comme l'était devenu Israël; tu peux encore vaincre. Tes fils ne demandent qu'à marcher contre l'étranger. Viennent des armes et ils se lèveront et courront à l'ennemi.

Mais si le succès ne devait pas récompenser tes généreux efforts, si nous devions te voir étendue inerte et sanglante aux pieds de ton vainqueur, alors même, je ne croirais pas encore à ta mort. Comme ces ossements desséchés dont parle le prophète Ezéchiel, tu te redresserais un jour fière, menaçante et terrible; tu tressaillirais au souvenir de ton ancienne grandeur et l'esprit de tes pères, l'esprit de dévouement, de sacrifice, d'héroïsme, cet esprit amoureux de liberté et ennemi du despotisme et de la tyrannie, cet esprit soufflerait de nouveau sur toi et par lui tu redeviendrais grande, forte et invincible !

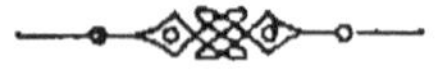

EXORDE D'UN SERMON

Prononcé à la fête de Pâques, le mars
1871, au Temple de Colmar.

כה אמר יי אל יתהלל חכם בחכמתו ואל יתהלל
גבור בגברתו ואל יתהלל עשיר בעשרו כי אם
בזאת יחהלל המתהלל השכל וידע אתי כי אני
יי עשה חסד משפט וצדקה בארץ כי באלה
חפצתי נא׳ם יי

C'est ainsi que parle l'Eternel : que le
sage ne se glorifie pas de sa prudence, que
le fort ne vante pas sa force, ni le riche sa

richesse, mais que celui-là se glorifie qui me comprend, qui sait que moi l'Eternel j'exerce la justice, la droiture et la charité et que c'est-là ce que je désire. (Jerémie, ch. 9, v. 23 et 24).

Mes Frères,

Ces paroles de Jerémie qui, en tout temps, méritent nos sérieuses réflexions doivent surtout aujourd'hui frapper notre attention. Nous célébrons aujourd'hui la délivrance d'Israël ; nous chantons le triomphe d'un peuple faible et opprimé sur un maître puissant et nous voyons se réaliser dans les évènements que nous rappelle la fête de Pâques cette consolante parole de l'Écriture :

״ משפיל גאים ומגביה שפלים

L'Eternel abaisse les orgueilleux et relève les humbles.

Il était bien orgueilleux ce Pharaon qui, sourd aux plaintes de ses malheureux esclaves apesantissait le joug qui pesait sur eux et redoublait de dûreté à leur égard, pensant les réduire au silence par la terreur qu'il leur inspirait. Il avait une grande confiance dans les forces dont il disposait, dans les trésors qu'il possédait : Il avait une foi bien robuste dans sa sagesse et dans les mesures qu'elle lui suggérait pour étouffer dès leur naissance toute velleité de rebellion, et dans son fol orgueil il alla jusqu'à braver Dieu lui-même !

Qui est l'Eternel, dit-il, auquel je dois obéir ; je ne connais pas l'Eternel et je ne renverrai pas les Israélites. (Ex. ch. 5, v. 2).

Mais cette superbe arrogance tomba et quand enfin le châtiment arriva, une voix, la voix de la conscience a dû crier à Pharaon ces paroles que nous avons prises pour texte de notre entretien : Que le sage ne se glorifie pas de sa sagesse ; que le riche ne soit pas fier de ses richesses ; que le fort ne vante pas sa force. Sagesse, fortune, puissance, tout cela n'est rien devant le Seigneur qui, à son gré, enrichit et appauvrit, élève et abaisse מוריש ומעשיר משפיל אף מרומם (Samuel 1 ch. 2 v.).

Et cette vérité, mes Frères, qui nous apparaît éclatante dans les faits qui ont donné naissance à la solennité de Pâques, à savoir que toute grandeur humaine n'a qu'un temps, que de fois depuis, a-t-elle été confirmée par l'histoire! Ninive et Babylone qu'êtes vous devenues? La charrue passe aux lieux où s'élevaient les superbes monuments témoins d'une puissance que vous aviez crue impérissable! Où est le colosse romain qui faisait trembler l'univers? Il avait des pieds d'argile et il est tombé!

Et comme si l'antiquité ne suffisait pas pour nous apprendre le néant de toutes les puissances humaines quelque solidement établies qu'elles soient, l'histoire moderne vient, à son tour, nous donner ses graves enseignements.

Il s'est levé, dans notre pays, un peu avant le commencement de ce siècle, un homme dont nous expions aujourd'hui la gloire Il promena dans toute l'Europe et jusque sur les bords du Nil ses étendards victorieux. Sa main laissait tomber des couronnes sur la tête de ses lieutenants. Les rois qu'il voulait bien conserver sur leurs trônes se prosternaient à ses pieds. Jamais un soldat de fortune n'était monté si haut; mais sa chute fut aussi éclatante que son élévation. Les nations se liguèrent contre lui et il finit son existence orageuse sur un rocher solitaire, captif de ceux qu'il avait fait trembler autrefois.

Un rejeton de sa race ressaisit le pouvoir. Quoiqu'il y fût arrivé par des voies criminelles il l'aurait peut-être conservé jusqu'à sa mort, s'il avait su céder aux justes exigences du peuple, s'il avait eu moins de confiance dans sa propre sagessse et dans les forces auxquelles il commandait. Mais l'orgueil l'égara aussi et son trône s'effondra dans la catastrophe vers laquelle son impéritie avait conduit le pays.

Voilà, mes Frères ce que nous apprend l'histoire et voilà comment elle console ceux qui sont courbés sous le joug, ceux qui gémissent sous l'oppression. Oui, qu'ils sèchent leurs larmes ceux qui souffrent et pleurent parceque leurs droits sont méconnus, outragés, foulés aux pieds. Le règne de la force est éphémère. Les Pharaons modernes seront submergés, eux aussi par les flots de cette marée montante qui s'appelle : *justice et liberté*. Et quand alors les chaînes seront brisées et que le joug sera rompu ; quand ceux qui ont été asservis célèbreront leur Pâques et chanteront l'hymme de la délivrance, ils se souviendront des paroles de Jerémie et ils répéteront avec lui : « Que le sage ne se glorifie pas de sa sagesse, ni le riche de sa richesse, ni le fort de sa force ; mais que les hommes mettent leur gloire à être justes et charitables, car c'est-là ce que désire le Seigneur, car c'est à la justice et à la charité qu'appartiendra l'empire du monde. »

ALLOCUTION

Prononcée au Temple de Metz,
le 7 septembre 1871, pendant le service
célébré en l'honneur des soldats
français, morts à Metz.

« Mes Frères,

« L'honorable administration de votre communauté a bien voulu me prier de porter la parole dans cette fête funèbre, en la place de mon vénérable collègue que des devoirs de famille retiennent au loin.

« Quelque périlleuse que soit la tâche qu'on m'a fait l'honneur de me confier, car cette chaire est habituée à retentir des mâles accents d'un éloquent pasteur, je n'ai pas hésité à l'accepter et à remplir ainsi à la fois un devoir patriotique et un devoir de reconnaissance envers une communauté qui a toujours été chère à mon cœur, à laquelle m'attachent des liens étroits et au sein de laquelle j'ai trouvé une si bienveillante hospitalité, alors que je me préparais au sacerdoce, sous la direction des vénérés et savants maîtres qui vivent encore ici et auxquels je suis heureux de pouvoir offrir publiquement l'expression de ma gratitude et de mon affection.

« Mes Frères, j'ai laissé errer ma pensée sur le passé ; mais quand je la reporte sur le présent, quand je songe au triste contraste qui règne entre le spectacle que votre ville et votre communauté offraient naguère et celui qu'elles présentent aujourd'hui, je ne puis me défendre d'une émotion vive et profonde.

« J'ai connu votre ville dans ses jours de

splendeur, alors qu'elle était heureuse et fière de n'avoir jamais été foulée par le pied de l'étranger ; je la revois aujourd'hui triste, humiliée et voilée de deuil ; j'ai connu votre communauté, alors qu'elle était grande, florissante, alors qu'elle formait un des plus beaux fleurons du judaïsme français ; je la vois aujourd'hui se désorganiser, se dissoudre ; je vois se briser les liens qui rattachent les enfants aux parents, les frères aux frères, les amis aux amis ; je vois s'exiler volontairement des hommes dont toute l'existence s'était écoulée ici, qui comptaient certainement finir leurs jours là où ils étaient nés et qui espéraient que leurs ossements reposeraient à côté de ceux de leurs ancêtres.

« Cité et communauté pourraient me dire comme autrefois Noémi aux habitants de Béthléem :

« Oh ! ne nous appelez plus belles comme
« vous aviez l'habitude de nous appeler ;
« appelez-nous *désolées*, car l'Éternel, nous
« a abreuvées d'amertume. »

« **Oui, mes Frères, la main de l'Éternel**
(*)

s'est appesantie sur vous, *sur nous*, car j'appartiens à une province qui souffre comme vous souffrez, qui partage vos douleurs, qui éprouve vos patriotiques regrets. Le Seigneur nous a rudement chatiés ! Puisse du moins ce châtiment nous profiter ! Puisse la terrible catastrophe à laquelle nous avons assisté et dont nous sommes victimes, nous apprendre que rien ne dure de ce qui est terrestre, que tout est fragile ici-bas, que tout est périssable. Nous avons vu nous-mêmes comment les fortunes les plus solidement assises disparaissent en un clin d'œil ; nous avons vu nous-mêmes comment les empires croulent, comment les trônes s'effondrent sous le souffle puissant de l'Éternel.

« Attachons-nous donc à Dieu qui, lui, dure d'âge en âge, d'éternité en éternité. Attachons-nous à la vertu qui seule nous rapproche de Dieu. Que la pensée de l'instabilité des choses humaines devienne notre sauvegarde contre les tentations ! Qu'elle soit aussi notre consolation dans l'infortune.

« S'il est vrai, comme nous l'enseigne la religion et comme l'enseigne aussi l'histoire à ceux qui la consultent, que tout passe ici-bas, que tout change, les vaincus d'aujourd'hui peuvent être les vainqueurs de demain, les opprimés d'aujourd'hui peuvent demain entonner leur hymne de délivrance ; car Dieu abaisse quand il lui plaît ceux qui sont élevés et relève ceux qui sont abaissés.

« Mais, mes Frères, ne nous aventurons pas plus loin sur ce terrain ; renfermons nos espérances en nous-mêmes ; conservons-les précieusement au fond de notre cœur jusqu'à ce qu'elles se réalisent, et laissons à cette solennité le caractère qu'elle doit avoir ; qu'elle soit pour nous une occasion d'offrir nos hommages bien sentis à la mémoire de ceux qui sont tombés sous vos murs pour la défense de notre sol, pour l'intégrité de notre territoire.

« Parmi les héros qui dorment ici dans la poussière, loin des lieux qui les avaient vus naître, loin de leurs parents qui n'auront pas même la consolation d'aller pleurer sur les tombes de ceux qui leur furent chers, il en est beaucoup qui appartiennent à notre culte.

« Par leur glorieux trépas, ils ont montré que l'israélite comprend et pratique ses devoirs envers son pays, qu'il est doué de ces vertus guerrières qu'on lui a reproché longtemps de ne pas posséder, et qu'on n'a pu lui dénier que parce qu'on ne lui a pas offert l'occasion de les manifester ; ils ont montré que l'israélite français n'oublie jamais que c'est la France qui, la première, a émancipé nos ancêtres, qui, la première a dit à nos pères partout proscrits :

« Vous n'avez pas de patrie, je serai la « vôtre. Partout on vous repousse, moi je « vous accueille ; partout on vous persécute, « moi je vous protégerai ; je serai pour vous « une mère, et comme une mère ne fait « aucune différence entre ses enfants et les « aime tous d'un égal amour, je vous ai- « merai, je vous accorderai les droits et les « avantages dont je fais jouir vos conci- « toyens des autres cultes. »

« Nous prierons aujourd'hui, mes Frères, pour nos coreligionnaires qui sont tombés au champ d'honneur et qui, en servant leur pays, en sacrifiant leur existence au salut de la patrie, ont en même temps glorifié la religion à laquelle ils appartenaient. Nous prierons aussi pour nos frères des autres cultes qui sont morts de la mort des braves et dont le monument élevé par les soins pieux de la municipalité messine rappellera à jamais le noble dévouement.

« Je voudrais dérober, en cet instant, aux grands orateurs qui ont illustré la chaire le secret de leur éloquence, pour vous parler dignement des faits d'armes qui se sont accomplis sous vos murs, pour glorifier comme ils le méritent les martyrs du devoir, dont la postérité ignorera les noms, mais devant l'héroïsme desquels elle s'inclinera avec respect et admiration.

« Mais il n'est pas besoin des secours de l'art pour vous émouvoir fortement en ce jour ; il suffit de rappeler à votre mémoire ce que vous avez vu de vos propres yeux, ce dont vout avez été témoins vous-mêmes.

« Vous, mes Frères, qui, comme tous les habitants de cette vaillante cité, avez

supporté avec une si rare fermeté, avec
une si admirable résignation, les douleurs
d'un long siége, vous connaissez les fati-
gues, les souffrances que l'armée a eu à
endurer, et vous savez avec quelle constance,
avec quelle tranquillité d'âme elle les a
supportées. Vous qui avez soigné avec une
si touchante sollicitude les blessés qui se
trouvaient dans vos ambulances, vous savez
que ce qui préoccupait ces pauvres victimes
de la guerre, c'était moins leurs propres
dangers que les dangers de la patrie. Ils
étaient jeunes ; une longue suite de riantes
années s'ouvrait devant eux, et pourtant
s'ils pleuraient, ce n'était pas sur leur vie
qui allait être coupée dans sa fleur, c'était
sur les malheurs de la France.

« Vous savez aussi avec quel joyeux em-
pressement officiers et soldats couraient
au-devant de la mort, avec quelle ardeur,
quelle intrépidité ils se précipitaient sur
l'ennemi. Oui, vaillants défenseurs de Metz,
nous savons, et les générations futures
sauront que si vous aviez été bien dirigés,
vous seriez sortis victorieux de la lutte,

quoiqu'elle fût inégale ; nous savons que si vous avez été inférieurs à vos adversaires, c'était en nombre, mais non en courage et en vaillance. Votre gloire ne souffrira pas des désastres de notre pays, car malgré le résultat final de la guerre, on sera forcé de reconnaître que vous avez ajouté une belle page de plus aux fastes militaires de la France. Oh ! n'en doutez pas, l'histoire vous rendra justice, car l'histoire impartiale ne s'agenouillera pas devant le succès ; elle n'insultera pas au courage malheureux. C'est à la grandeur de l'effort qu'elle mesure ses éloges. Et vos efforts pour nous conserver à la France ont été méritoires. Si, comme les israélites assis sur les ruines de Babylone et qui pleuraient au souvenir de Sion, nous versons aujourd'hui des larmes bien amères au souvenir de notre patrie ; si, comme pour les lévites exilés du sanctuaire qui suspendaient leurs harpes aux saules de l'Euphrate et refusaient de faire résonner sur la terre étrangère les lyres qui avaient frémi sous leurs doigts quand ils chantaient à Jérusalem les louanges du Seigneur, il n'est plus pour nous de joie, de véritable bonheur tant que nous resterons séparés de la mère à laquelle on nous a violemment arrachés, ce n'est pas votre faute, ô héros de Borny, de Gravelotte, de Saint-Privat !

« Nous eussions été sauvés si cela eût dépendu de vous ; vous vous êtes dévoués à notre salut ; vous avez offert votre vie en sacrifice pour nous ; vous vous êtes immolés sur l'autel de la patrie ; que votre mémoire soit glorifiée et bénie de siècle en siècle !

« Frères ! imprimez à jamais dans votre âme le souvenir des braves qui ont péri pour nous ; parlez d'eux à vos enfants afin qu'ils apprennent à honorer le courage, la fidélité au drapeau ; afin qu'ils apprennent aussi que ce n'est pas toujours dans les plus hautes sphères de la société qu'on rencontre le plus de patriotisme et que ce ne sont pas les plus élevés en dignité qui sentent le plus vivement ce qu'ils doivent à leur pays.

« Oui, dites-leur que s'il s'est trouvé

dans votre ville un chef qui n'a pas su ou qui n'a pas voulu vaincre; qui a fait de la politique au lieu de faire de la guerre; qui a mieux aimé être le serviteur d'un homme que le serviteur de son pays; qui ne s'est pas soucié de mériter le titre de glorieux qu'un grand orateur, comptant sur ses succès futurs, lui avait décerné par avance, dites-leur qu'il s'est trouvé aussi dans vos murs des officiers et des soldats appartenant à d'obscures familles du peuple qui, eux, ne se sont pas préoccupés de la forme du gouvernement que la France s'était donné dans un jour de juste indignation; qui n'ont vu qu'une chose : la patrie envahie, souillée par la présence de l'étranger et menacée d'être déchirée, meurtrie, mutilée; qui n'ont eu qu'une pensée, celle de délivrer leur pays, et qui sont morts en poussant ce cri qu'il ne nous est plus permis de proférer, mais qui est dans les cœurs s'il n'est plus sur les lèvres.

« Mais à quoi bon les récriminations contre ceux qui sont les auteurs de nos infortunes; à quoi bon le retour vers le

passé? Inclinons-nous devant la volonté de
Dieu, espérons en son secours; ayons pa-
tience, soyons dignes et calmes dans notre
douleur ; recueillons-nous et prions pour
ceux qui ont versé leur sang, afin de nous
épargner le malheur qui nous a atteints.

« Seigneur! Dieu de bonté et d'amour,
accueille avec miséricorde l'âme des héros
qui sont morts pour la défense de notre
sol; que leur glorieux trépas qui leur pro-
cure ici-bas une renommée impérissable
leur assure aussi auprès de toi les félicités
éternelles dont ils se sont rendus dignes
par leur courage, leur dévouement, leur
noble abnégation.

« Console aussi, ô notre Dieu, ceux que
cette terrible guerre a plongés dans l'affliction ! Que de deuils elle a semés, que de
larmes elle a fait répandre ! Que de parents
pleurent les fils qui devaient être l'appui et
la joie de leur vieillesse ! Que d'épouses
déplorent la perte de ceux auxquels elles
avaient lié leur existence et qui étaient leurs
soutiens et leurs protecteurs ! Que d'enfants
privés aujourd'hui des pères qui devaient

travailler pour eux, qui devaient veiller sur leur jeunesse, qui devaient les diriger par leurs conseils et les éclairer des lumières de leur expérience !

« O Eternel ! prends soin toi-même des orphelins et deviens leur père ; soutiens les veuves et deviens toi-même leur protecteur ; console toi-même les parents désolés qui gémissent sur leurs fils enlevés prématurément à leur affection.

« Permets aussi, Seigneur, que le sang des innombrables victimes en l'honneur desquelles nous célébrons cette fête funèbre, n'ait pas coulé en vain. Éclaire-nous, éclaire les grands de la terre ; apprends-leur à détester l'abus de la force brutale ; apprends-leur que ce n'est pas le glaive, mais la justice qui doit régler les différends entre les nations... Ah ! fais que la justice règne un jour en ce monde ; alors, toutes les tyrannies et toutes les oppressions cesseront ; alors, on ne disposera plus des peuples sans consulter leur volonté ; et les préjugés disparaîtront, et les barrières qui séparent les hommes tomberont et l'humanité entière ne formera plus qu'une seule famille.

« Ainsi se réalisera cette prédiction du prophète Isaïe :

« Les peuples forgeront de leurs épées « des socs de charrue ; ils transformeront « leurs lances en serpettes ; aucune nation « ne lèvera plus le glaive contre l'autre et « on ne s'exercera plus à la guerre. »

« Alors s'accomplira aussi cette autre prophétie :

« Ils ne feront plus de mal ; ils ne com- « mettront plus aucune déprédation sur ma « montagne sainte ; car la terre entière « sera remplie de la connaissance de Dieu, « comme l'eau couvre le fond de la mer. »

« Alors seront étouffés les plaintes et les gémissements ; partout retentiront des actions de grâces, et tous les hommes répéteront les paroles par lesquelles le chantre inspiré des psaumes, célébrait, ô Éternel ! ta miséricorde infinie :

« Louez l'Éternel, car il est bon, car sa « bonté dure à jamais. »

« Oh ! puisse cette époque désirée, cette époque bénie arriver bientôt de nos jours !

Que telle soit ta volonté, Éternel, notre créateur et notre père !

« Amen ! »

EXTRAIT D'UN DISCOURS

Prononcé au Temple israélite de Mulhouse
le 9 Avril 1872,
à l'occasion d'un Mariage.

La douce perspective de voir souvent
vos parents, le plaisir de trouver dans votre
nouvelle résidence, beaucoup de membres
de votre famille, la faculté de goûter dans
toute leur plénitude les jouissances délicates
et élevées de l'art vous feront aimer bien
vite la ville (Paris) que vous allez habiter.

Votre âme y ressentira aussi un légitime orgueil; vous serez fière d'appartenir à cette grande cité à laquelle ne manque plus aujourd'hui aucune gloire et qui a conquis récemment la seule qui lui fit encore défaut; la gloire que donne la lutte entreprise avec courage et poursuivie avec une indomptable énergie, la gloire que procurent la douleur et les privations supportées avec une rare fermeté, avec une admirable constance.

Vous éprouverez une noble satisfaction de compter parmi les habitants de cette cité dont la renommée a toujours été éclatante, mais qu'entoure aussi maintenant la touchante auréole du malheur non mérité.

Un autre et grand sujet de satisfaction vous est donné. Vous allez rentrer dans la patrie; vous échappez aux souffrances morales que nous endurons; ici nous vivons dans le deuil; ici, il ne nous est plus permis de goûter de joie véritable; tout plaisir auquel nous nous livrons trouble notre conscience et nous laisse un remords dans l'âme. Nous nous en voulons d'oublier, même pour

un instant, que nous sommes devenus étrangers dans notre propre pays, que nous n'a-
vons plus de patrie.

Vous du moins, jeune épouse, vous pour-
rez dire comme cette femme de la Bible

בתוך עמי אני יושבת

Je demeure au milieu de mon peuple.
Vous, vous assisterez aux efforts que fera
ce peuple pour se relever, pour reprendre la
place que les évènements lui ont ravie, que
d'autres évènements, espérons-le, lui ren-
dront un jour.

ADIEU A L'ALSACE

Sermon prononcé au Temple de Colmar,
le 6 Juillet 1872.

Mes Frères et mes Sœurs bien-aimés,

Dans les sombres heures du désespoir,
quand l'âme est affaissée sous le poids de
l'infortune, aux douleurs présentes vient
s'ajouter encore le souvenir du passé et de
la félicité dont il nous a fait jouir, et la
triste contemplation de nos espérances dé-

truites, de notre bonheur anéanti, augmente notre affliction et agrandit notre peine.

Et c'est ainsi, mes Frères, qu'en cet instant de suprême amertume, où je vais me séparer de vous, où je dois briser des liens que je croyais durables, se dresse devant moi le souvenir du jour où je pris pour la première fois possession de cette chaire.

Oh ! comme il était beau pour moi et radieux ce jour ! Ce temple resplendissait de lumières ; une foule nombreuse et sympathique l'avait envahi ; de ravissantes mélodies s'y faisaient entendre et charmaient mes oreilles. Et une voix aimée, celle d'un collègue, qui depuis, hélas ! a dû prendre, lui aussi, le chemin de l'exil, me souhaita la bienvenue, et m'assura que je trouverais dans le consistoire qui m'avait élu, qui m'avait placé à la tète de cette vaste circonscription, le concours le plus empressé, le plus actif, le plus dévoué.

Et ces riantes promesses s'étaient réalisées, mes Frères. La plus belle harmonie, la plus étroite union régnaient entre mes collègues et moi. Animés des mêmes désirs, guidés par les mêmes vues, nous accomplissions ensemble la tâche qui nous était confiée, et nos rapports n'étaient pas seulement ceux de collègues qui s'estiment, mais ceux d'amis qu'unit une douce et cordiale intimité.

Parmi mes coopérateurs du rabbinat, j'avais retrouvé beaucoup de mes chers condisciples d'autrefois, et notre amitié, que le temps et la distance avaient pu affaiblir, mais non briser, était redevenue vive et forte.

Des liens sympathiques s'étaient établis aussi entre moi et ceux qui m'avaient devancé dans le sacerdoce, et que je ne connaissais avant d'arriver parmi eux que par leur réputation de science et de vertu. Malgré la différence d'âge et quelques légères divergences d'opinion provenant de cette différence même, nous marchions la main dans la main, et je n'oublierai jamais la bienveillance qu'ils m'ont témoignée, les preuves d'attachement qu'ils m'ont données.

Je n'oublierai pas non plus les témoignages d'affectueuse estime qu'on ma prodigués dans toutes les communautés que j'ai visitées, et j'en serai heureux et fier toute ma vie. Et toi aussi, chère communauté de Colmar, toi aussi tu remplissais mon âme d'une douce satisfaction; toi aussi tu t'étais attachée à ton pasteur, comme lui s'était attaché à toi; tu répondais à son affection par une affection égale.

Ainsi, mes Frères, tout se réunissait ici pour me rendre heureux, et pourtant je pars. Mes plus belles espérances s'étaient réalisées ici, et pourtant je vous quitte; mes désirs les plus ardents s'étaient accomplis parmi vous, et pourtant je m'arrache à cette chère Alsace où je suis né, où je laisse mon vieux père, où reposent les restes bien-aimés d'une mère trop tôt ravie à mon amour; j'abandonne cette circonscription à laquelle j'avais voué un si profond attachement, à laquelle j'aurais voulu consacrer tout ce que je puis posséder d'intelligence, tout le dévouement dont je suis capable. C'est que des évènements se sont produits qui m'imposent la dure nécessité à laquelle je cède ; c'est qu'une loi impérieuse pour ma conscience me dicte la détermination que j'ai prise.

Mes Frères, depuis ma jeunesse j'ai aimé notre patrie d'un amour vif et ardent. Je l'aimais, non pas seulement parce qu'elle était, selon l'expression du prophète Jerémie, « puissante parmi les nations et princesse parmi les provinces, » *Rabathi bagoïm vesarathi Bamedinoth*; je l'aimais non pas seulement parce que ses guerriers longtemps invincibles avaient promené par toute l'Europe leurs étendards victorieux, parce qu'ils s'étaient acquis par leurs exploits une gloire immortelle que nos récents désastres n'ont pu effacer ni ternir; je l'aimais non pas seulement parce qu'elle était le temple des lettres et des beaux-arts, la régulatrice du goût, la dispensatrice de la renommée, parce que dans le monde entier aucune réputation n'était solidement établie que quand la France lui avait donné sa consécration ; je l'aimais surtout parce qu'elle était grande par le cœur, parce qu'elle était **bonne et généreuse, parce qu'elle prenait** en main la cause des faibles et des opprimés, parce qu'elle était l'initiatrice du progrès, l'apôtre de la civilisation, parce que sur son sol germaient les nobles idées de tolérance et de fraternité, pour se répandre de là sur l'univers entier, parce que dans les plis de son glorieux drapeau elle a apporté les bienfaits de la liberté et de l'égalité aux peuples mêmes qui depuis se sont rués sur elle et l'ont abattue sanglante à leurs pieds.

A ces premières raisons, qui suffiraient certainement pour expliquer et justifier mon profond attachement à la patrie, viennent s'en joindre d'autres non moins sérieuses.

C'est la France qui, la première, a réparé les iniquités dont Israël fut victime pendant des siècles ; c'est elle qui, la première, a convié nos ancêtres au banquet de la vie sociale ; qui, la première, leur a permis de développer les facultés qu'ils brûlaient de mettre au service du pays.

Et, sous le souffle fécond venu de notre patrie, les idées de tolérance se répandirent rapidement dans des régions qui leur

avaient été longtemps fermées, et les préjugés dont souffraient nos frères s'éva-
nouirent, et les barrières que l'ignorance
et le fanatisme avaient élevées s'écroulèrent,
et Israël devint libre et heureux dans des
contrées où avait pesé sur lui la plus dure,
la plus cruelle des oppressions.

Voilà, mes Frères, voilà ce que la France
a fait, non-seulement pour nous, ses enfants, mais pour beaucoup de ceux qui
l'outragent aujourd'hui par leurs écrits ou
leurs paroles, et qui, oublieux des bienfaits
dont elle les a fait jouir, se joignent à ses
détracteurs et lui jettent l'anathème.

Ainsi, mes Frères, j'aimais notre patrie,
quand luisaient pour elle des jours calmes
et prospères ; et quand le malheur vint
fondre sur sa tête, quand l'atteignirent ces
effroyables revers auxquels aucun de nous
ne pouvait s'attendre, mon amour pour elle
devint plus ardent et plus passionné ; il
grandit devant l'adversité, comme grandit
l'affection d'un fils pour sa mère que la
maladie a étendue sur un lit de souf-
france.

Animé de pareils sentiments, puis-je rester parmi vous, mes Frères?

Vous le devez, répond une théorie qui, d'après ce qui m'a été rapporté, a trouvé quelques adhérents ici et que je suis bien aise de pouvoir combattre publiquement. Vous le devez, dit-on; car le pasteur appartient à son troupeau, et il n'a pas le droit de se séparer de lui, dût-il même lui sacrifier sa nationalité.

Cette théorie, fût-elle même vraie, ne serait pas applicable au cas présent. Le grand-rabbin exerce, à la vérité, dans la ville où il réside les fonctions de rabbin; mais ce n'est pas là la partie essentielle de sa mission. Il est le chef religieux de toute une circonscription, et il appartient non pas à une, mais à toutes les communautés de son ressort. Or une partie assez importante de ma circonscription a eu le bonheur de rester française, et elle a les mêmes droits sur moi que la fraction qui a été si malheureusement détachée de la patrie.

D'ailleurs la théorie même que je viens d'exposer, je ne l'admets pas, je proteste contre elle, car elle est fausse. Si elle était vraie, le rabbin serait à jamais enchaîné aux lieux où il s'était établi à sa sortie des écoles. Or on n'a jamais élevé une pareille prétention. Jamais on n'a blâmé un rabbin qui quittait une communauté peu importante pour une autre plus importante ; jamais on n'a fait un crime à aucun de nous de chercher à s'élever dans la hiérarchie sacerdotale et d'aspirer à étendre son action sur toute une circonscription.

Eh bien, si pour arriver à une position plus haute et plus belle, le rabbin peut se séparer de ceux qui sont confiés à sa direction, pourquoi ne le pourrait-il pas pour rester fidèle à ses convictions, pour obéir à un des sentiments les plus nobles et les plus élevés : l'amour de la patrie ?

Si j'ai réussi à vous démontrer la fausseté de la théorie au moyen de laquelle on prétend blâmer la détermination qu'un de mes vénérés collègues et moi nous avons prise, je vous demande encore une fois : puis-je rester parmi vous ? Ah ! s'il ne s'agissait que de renfermer mes sentiments dans mon

âme, d'en contenir l'expression, j'essaierais
de me dominer ; je ferais effort sur moi-
même ; je dévorerais les larmes qui me
montent aux yeux chaque fois que j'entends
prononcer le nom de notre patrie. Mais ce
qui est au-dessus de mes forces, ce qui
m'est impossible, c'est de me mettre en
contradiction avec mes sentiments, c'est de
parler et d'agir contre eux.

On me dira, c'est là ce que je crains,
et mes craintes ne me paraissent pas dé-
nuées de fondement, on me dira de vous
prêcher l'oubli du passé, la résignation au
fait accompli. Mais puis-je vous exhorter à
la pratique d'une vertu que moi-même je
ne saurais pratiquer? Puis-je vous consoler,
quand moi-même, comme autrefois Jacob
devant la tunique sanglante de son fils, je
refuse toute consolation ? (1) Puis-je vous
demander d'arracher de votre cœur le souvenir de la patrie perdue, quand moi je ne
cesse de m'écrier avec le poète exilé sur les
rives de l'Euphrate :

____

(1) *Genèse*, XXXVII, v. 35.

Im Eschkochech Ieruschalaïm Tischkach Yemini.

« Que ma droite s'oublie si je t'oublie jamais, ô Jérusalem ! » (1)

On m'engagera aussi à vous prêcher l'amour de la patrie. Mais de quelle patrie vous parlerai-je ? De celle que nous pleurons, et vers laquelle se portent tous nos désirs et toutes nos aspirations ? Mais pour celle-là on ne me permettra plus de réclamer votre attachement. On m'ordonnera de vous enseigner l'amour de la patrie nouvelle qu'on vous a donnée, à laquelle on vous a liés par la force ; mais pour celle-là, mes Frères, je ne puis pas vous demander votre affection ; car cette affection je ne l'éprouve pas, je ne saurais l'éprouver.

Et si les craintes que je viens d'exprimer ne se réalisaient pas, n'y a-t-il pas un autre écueil contre lequel je viendrais me briser infailliblement ? On me demandera de prier

(1) Psaume 137, v. 6.

pour le souverain que les évènements vous ont donné. Ah ! vous sentez bien vous-mêmes, mes Frères, que vous ne sauriez exiger de moi un pareil effort. Quand mes lèvres devraient prononcer les paroles de cette oraison, il ne sortirait de ma bouche que des sanglots. Il me semblerait voir se dresser devant moi la patrie telle que la représente un tableau devant lequel vous vous êtes certainement arrêtés comme moi, que vous avez contemplé comme moi avec une douleur muette; il me semblerait voir la France, voilée de deuil, les yeux égarés par la douleur, la poitrine traversée par une horrible blessure dont le sang jaillit à grands flots; il me semblerait l'entendre me reprocher d'une voix plaintive mes prières pour celui qui l'a vaincue, humiliée, mutilée, qui lui a arraché des enfants qui se considéraient, qui se considèrent encore, qui se considéreront toujours comme la chair de sa chair et les os de ses os.

Eh bien non, ma France chérie, je ne te renierai pas, parce que tu as perdu pour un instant le prestige que tu sauras bien reconquérir plus tard ! Non, je ne t'abanbonnerai pas parce que tu es malheureuse ! Non, mère bien-aimée, je ne serai pas pour toi un fils ingrat et dénaturé ! Non, je ne prierai pas pour tes ennemis ! C'est à toi seule que j'appartiens, que je veux appartenir toujours ! C'est de toi que je veux parler dans mes entretiens avec mes frères, c'est pour toi que je veux prier, pour que Dieu te permette de te relever de ta chute, de panser tes plaies, de guérir tes meurtrissures, de redevenir ce que tu as été, ce que tu dois redevenir, non-seulement pour ton propre bonheur, mais pour le bonheur du monde entier, pour le triomphe universel de la justice et de la liberté !

Je sais bien, mes Frères, que le salut de notre pays peut venir et viendra sans mon humble prière ; mais il me sera doux à moi de pouvoir publiquement et librement invoquer pour lui la miséricorde divine. Je sais bien que l'amour de la patrie embrase à l'heure qu'il est l'âme de tous ses enfants ; mais ce sera pour moi une satisfaction ineffable de contribuer à entretenir cette sainte flamme dans le cœur de ceux de mes coreligionnaires dont j'aurai la direction spirituelle. Je sais bien que ma protestation contre le régime qui s'est établi ici par la force ne pèsera d'aucun poids dans la balance de vos destinées ; mais ma conscience sera soulagée. D'ailleurs ma protestation vient s'ajouter à d'autres, et elle prouvera que dans tous les rangs et dans tous les cultes persiste l'amour de la patrie ; que dans tous les cœurs vit l'espérance de voir le droit reprendre son empire, de voir l'Alsace rendue au pays auquel on a bien pu arracher son territoire, mais dont on ne parviendra jamais à détacher son âme.

Les dernières paroles que je viens de prononcer renferment une espérance. Cette espérance est la mienne, et quand elle se réalisera, oh ! alors, vous m'appellerez, n'est-ce pas, mes Frères? Et moi, partout où je serai, j'accourrai ; et comme j'ai partagé vos angoisses et votre douleur, je partagerai votre joie et votre allégresse; et comme nous avons gémi ensemble sur les malheurs de la patrie, nous entonnerons ensemble l'hymne de la délivrance, et nous ferons entendre des cantiques comme ce temple n'en a jamais entendus : le cantique joyeux de l'enfant qui retrouve sa mère, de l'exilé qui rentre dans ses foyers et qui revoit tous ceux vers lesquels, pendant les longues années de l'absence, son cœur s'élançait à travers l'espace.

C'est avec cette espérance, mes chers auditeurs, que je vous dis, non pas adieu ; non, non, ce mot est trop amer, trop désolant, mais au revoir.

C'est avec cette espérance que je vous donne la bénédiction dont j'ai récité plus d'une fois la formule dans ce temple, mais jamais avec une émotion aussi douloureuse, aussi poignante qu'aujourd'hui.

« Que le Seigneur vous bénisse, chers Frères et Sœurs, et vous préserve de tout malheur et de tout accident ; que le Seigneur fasse luire sa face sur vous et vous donne la force de supporter votre sort ; que le Seigneur tourne sa face vers vous et vous accorde à tous de vivre jusqu'au jour de la délivrance ! Amen. »

PRIÈRE.

Eternel, Dieu de bonté, de miséricorde et d'amour, daigne exaucer la dernière prière que je t'adresse dans ce temple ; laisse arriver jusqu'à toi les dernières supplications que je fais monter d'ici vers ton divin trône. Réalise les promesses contenues dans la bénédiction que je viens de donner en ton nom à la communauté plus spécialement confiée à mes soins, et que j'envoie aussi de ce sanctuaire à toutes les communautés de ce vaste ressort. Bénis tous ceux qui sont réunis dans ce temple, les hommes et les femmes, les vieillards et les enfants, et ceux qui n'ont pu venir aujourd'hui pour recevoir mes adieux.

Bénis cette circonscription autrefois si belle, et les administrateurs qui l'ont dirigée et ceux qui la dirigent aujourd'hui, et les pasteurs qui exercent au milieu d'elle leur pieux ministère. Bénis les institutions religieuses et charitables qu'elle renferme ; veille sur elles ; permets-leur de se maintenir, de résister à la tempête qui est venue fondre sur nous, afin que nous les retrouvions debout et florissantes quand la tourmente sera passée.

Bénis cette cité où j'ai fait un trop court séjour, et où j'ai reçu un accueil si bienveillant, où j'ai joui d'une hospitalité si douce.

Bénis notre chère Alsace, et hâte pour elle le jour où ses fils exilés reverront ses vertes collines et ses riantes vallées, où elle se dépouillera du voile de deuil qui la couvre pour reprendre ses vêtements de fête, où fuiront pour elle l'affliction et l'angoisse, afin de faire place à la joie et au bonheur ! Amen.

EXORDE D'UN DISCOURS

Prononcé à Vesoul le 1er jour de Rosch-Haschana (Oct. 1872).

———◆◆◆———

Que la bénédiction du Seigneur, descende sur vous mes Frères et Sœurs en cette nouvelle année qui s'ouvre. Puisse-t-elle être heureuse pour vous tous ! Puisse-t-elle surtout être heureuse pour nos pauvres Frères d'Alsace-Lorraine pour lesquels elle commence si douloureusement.

En cette sainte solennité où les familles

aiment à se réunir et à resserrer les liens de la parenté, il y aura dans nos provinces perdues bien des maisons vides, bien des foyers déserts. Que de familles dont les membres sont dispersés au loin! Que de mères pleurent les fils qui ont dû quitter le sol natal, qui ont mieux aimé renoncer à leur position, à leurs affections qu'à leur nationalité, qui ont préféré la pauvreté dans la patrie à l'aisance sous la domination étrangère! Nous avons vu beaucoup de ces exilés; il y en a encore parmi vous; j'en vois dans cette enceinte. Qu'ils permettent à un Alsacien, exilé comme eux, qui, comme eux, a fui l'oppression, de leur adresser un salut fraternel, de leur souhaiter une cordiale bienvenue.

Mais ce ne sont pas ceux qui ont quitté l'Alsace qu'il faut plaindre; ce sont ceux qui restent, ceux que la nécessité rive au sol, et qui, depuis deux jours, sont devenus par la loi du vainqueur, étrangers à leur patrie.

Que Dieu exauce aujourd'hui leurs ardentes prières et les nôtres! Puisse la nouvelle année devenir pour eux une année de délivrance ! Puisse le Seigneur rendre bientôt les enfants aux parents, les parents aux enfants ! Puisse-t-il bientôt rendre à la patrie ceux qu'on lui a violemment arrachés ! Que telle soit sa volonté.

Amen !

EXTRAIT D'UN DISCOURS

Prononcé le 1ᵉʳ Novembre 1871, à la
Société Ez Chayim à Colmar (1).

L'avenir de notre chère Alsace est sombre.
Plus d'un de ses enfants sera obligé de
prendre le chemin de l'exil, de quitter les
lieux où il est né, où il a été élevé, où re-

(1) Les paroles qu'on va lire n'ont pas été prononcées
en chaire. Nous avons cru néanmoins pouvoir les repro-
duire ici, car elles expriment des idées analogues à celles
qui se montrent dans les pages précédentes.

posent ses ancêtres, où il espérait reposer un jour.

Les institutions bienfaisantes israélites se repentiront certainement de ce mouvement d'émigration.

Votre association se verra peut-être aussi entravée dans sa marche, arrêtée dans son développement. Mais vous suppléerez au nombre par la bonne volonté, par le dévouement. Quand un régiment qui combat contre l'ennemi voit ses rangs s'éclaircir, il se serre plus étroitement autour du drapeau afin de mieux défendre, de protéger plus efficacement, afin de sauver ce signe sacré de son honneur.

Vous ferez de même, Messieurs, et si les évènements forcent quelques-uns de vos frères à se séparer de vous, ceux d'entre vous qui resteront, s'attacheront avec plus de force à votre société, ils l'entoureront d'une sollicitude plus vive, afin quelle ne soit pas renversée par la tourmente, afin qu'elle reste toujours debout, afin qu'en revenant ici quand la tempête sera passée, quand des jours meilleurs luiront pour notre

chère et malheureuse patrie, nous la retrouvions toujours belle, toujours floris-
sante, afin quelle soit encore  עץ היים
un arbre plein de vie et de sève !

PRIÈRE

Prononcée au Temple israélite de Vesoul,
lors de la rentrée de l'Assemblée.

Seigneur, Dieu de lumière, éclaire de
ton esprit les législateurs de la France et
inspire leur les mesures les plus sages, les
plus utiles, celles qui contribueront le plus
efficacement au relèvement de notre chère
patrie à l'affermissement du nouveau régime qui s'est établi dans notre pays. Dicte
leur les résolutions qui fassent régner la

concorde la plus étroite entre tous les membres de la famille française afin que la patrie devenue forte par l'union de ses enfants puisse effacer bientôt par sa nouvelle grandeur, les revers qu'elle a subis et l'humiliation dont elle a souffert; afin quelle puisse délivrer bientôt les malheureux fils qui lui ont été arrachés et qui ne cessent d'espérer en elle, de tourner vers elle leurs regards chargés de larmes, leurs cœurs remplis de regrets.

Bénis aussi, Seigneur, l'illustre vieillard qui préside aux destinées de notre pays et qui met au service de notre bien-aimée patrie, une intelligence, un zèle et un dévouement si admirables !

Conserve-le longtemps encore pour le bonheur de la France! que telle soit ta volonté ! Amen !

TABLE DES MATIÈRES.

VERDUN

IMPRIMERIE RENVÉ-LALLEMANT.